NOMENCLATURE

DES

ÉDIFICES, ŒUVRES D'ART

ET

AUTRES CONSTRUCTIONS CONÇUS ET DIRIGÉS

PAR

M. Alexandre GRIGNY, Architecte

PENDANT UNE PÉRIODE DE VINGT-CINQ ANNÉES.

ARRAS

TYP. ET LITH. DE A. COURTIN, RUE DU 29 JUILLET.

—

1866

AU LECTEUR.

Nos nombreux amis et les personnes qui s'inté-
ressent à nos œuvres nous ont souvent fait le re-
proche de ne pas les réunir en une publication. Pour
vos enfants et vous, nous disent-ils, vous devriez
faire cela ; cet ouvrage aurait, d'ailleurs, une utilité
incontestable pour les administrations communales,
les ecclésiastiques, les architectes et entrepreneurs,
les propiétaires et les gens du monde qui appren-
draient d'un coup-d'œil à connaitre les différents
genres d'architecture dans leur application.

Nous apprécions à leur valeur ces recomman-
dations qui nous témoignent tout l'intérêt qu'on
nous porte ; mais nous ferons observer que la
moindre œuvre en architecture ne demande pas
moins d'une année à concevoir et à réaliser, que

Notre-Dame de Genève nous a donné six ans de préoccupation, et que Notre-Dame de Valenciennes ne s'achève qu'après douze années de travail ; notre première œuvre, si renommée, nous a coûté l'emploi des six plus belles années de notre jeunesse, et plus encore.

Quoiqu'il en soit, laisserons-nous le crayon pour la plume, la pierre pour le papier ? Nous ne le pensons pas ; nous sommes trop jeune encore, et, malgré la faiblesse de notre vue, nous continuerons de mettre en pratique les fruits de notre expérience, sans oublier cependant d'élaborer un travail de publication que nous ne produirons que dans des conditions sérieuses.

Pour faire bien apprécier l'importance de ce travail, et pour que l'on ne nous accuse pas d'indifférence, nous avons cru devoir publier la simple nomenclature de nos créations, réalisées pendant l'espace de vingt-cinq ans, en priant nos amis et les personnes qui nous ont confié ces travaux d'en agréer l'hommage comme témoignage de notre profonde reconnaissance.

A. GRIGNY.

NOMENCLATURE

DES

ÉDIFICES, ŒUVRES D'ART

ET

AUTRES CONSTRUCTIONS CONÇUS ET DIRIGÈS

PAR

M. ALEXANDRE GRIGNY, ARCHITECTE

pendant une période de vingt-cinq années.

A ARRAS.

Eglise dans le monastère des Dames Bénédictines du St-Sacrement, ornée intérieurement et extérieurement dans le style du XVe siècle :

Le maître-autel en pierre de Tonnerre, même style, la statuaire par M. E. Bion;

Pavé mosaïque et balustrade du chœur;

Grille ornée en pierre clôturant le chœur des Dames :

Porche intérieur en pierre ;

Dessin du buffet d'orgue ;

Restauration des cloîtres ;

Grille en grés et pierre renfermant le parvis ;

Maison de l'aumônier, style XVe siècle, avec tourelle extérieure ;

Eglise paroissiale de St-Géry, monument simple, de la première période du XIIIe siècle :

Le maître-autel et exposition en pierre ;

Les deux autels latéraux ;

La chaire, style XIIIe siècle ;

Confessionnaux, stalles, grilles et table de communion.

Eglise du monastère des Dames Ursulines, ayant pour clocher la reproduction, double de grandeur, de la célèbre flèche de la Ste-Chandelle, monument du XIIIe siècle :

Le maître-autel en pierre de Tonnerre. — Statuaire, M. Auvray ;

L'autel de la Vierge, en pierre de Tonnerre. — Statuaire, M. Fache ;

L'autel de St-Joseph, en pierre de Tonnerre. — Statuaire, M. E. Thomas ;

Pavé mosaïque du chœur ;

Grille de clôture du chœur ;

Le buffet d'orgue, la chaire, les stalles, les crédences ;

Encadrements d'architecture variés entourant le sujet des vitraux ;

Grille ornée en pierre pour la clôture du parvis ;

Deux études pour le projet de reconstruction du monastère.

Chapelle dans le couvent des Dames de St-Charles, avec porche, style XIIIe siècle :

Le maître-autel en marbre blanc.

Couvent du Repentir, chapelle simple, XIIIe siècle :

Bâtiment pour ouvroir.

Pères de la Miséricorde : Chapelle simple, style roman. — Bâtiment qui en dépend.

Sœurs de la Ste-Famille : Bâtiment ouvroir.
Maison des Sourds-Muets : Bâtiment ouvroir.

Hôtel Cotteau : Transformation, décoration et re-construction partielle, style Louis XV.

Hôtel Pillons : Restauration.

Hôtel Deusy : Construction ornée, fin XVe siècle ;

Escalier en pierre, même époque ;

Cabinet renaissance ;

Cour, galerie et dépendances.

Construction de dix maisons particulières.

Bâtiment du petit Séminaire et sa chapelle, détruits par l'incendie.

Agrandissement et restauration des anciens bâtiments Hallette.

Chapelle sépulcrale de la famille Bonnel-Jacquard, XIIIe siècle.

Chapelle mausolée de la famille Capet-Martin (architecture moderne).

ENVIRONS D'ARRAS.

Château de Mlle de Boiry, à Farbus.

Château de M. Dubrulle, à Rouvroy.

Maison de campagne de M. Tamboise, à Rouvroy.

Maison d'école à Arleux.

Maison de campagne de Mme Mullet, à Drocourt.

Chapelle *ex-voto* à Billy-Montigny.

Clocher de l'église de Beaumont.

Maison de campagne de M. Pillons, maire de Beaumont.

Chapelle *ex-voto* à Hénin-Liétard.

Eglise de Mazingarbe, XIII⁰ siècle.

Chapelle funéraire de M. Bacon, à Saïns.

Construction et restauration du château de Mme Herreng de Boisgérard, à Bouvignies.

Ecole des sœurs, XVI⁰ siècle, à Bouvignies.

Bâtiment de fantaisie à l'entrée du parc du château de Son Excellence le Maréchal Randon, Ministre de la Guerre, à Hermaville.

Restauration de l'église d'Agnez-lez-Duisans.

Maison d'école de Gavrelle.

Chapelle *ex-voto* à Bavincourt.

Eglise de Pommera, XIII⁰ siècle.—Le maître-autel.

Eglise de Gaudiempré, XIII⁰ siècle. — Son autel.

Monument funèbre avec calvaire en marbre blanc, pour M. Renard de Bonnières, XII⁰ siècle.

Monument de la famille Garin, XII⁰ siècle, à Ste-Catherine.

Maison d'école à Sailly-au-Bois.

Eglise à Sailly-en-Ostrevent, style roman.

Clocher de Brebières.

Eglise de Gouy-sous-Bellonne et son ameublement, style roman.

Clocher de Sauchy-Cauchy, style roman.

Eglise d'Oisy-le-Verger, style roman. — Le maître-autel.

Maison fantaisie en briques.

Eglise de Marquion, style roman.

A BAPAUME.

Démolition et nivellement des fortifications.
Projet de restauration de l'hôlel-de-ville.
Construction de la chapelle de l'hospice ;
L'autel ;
Le presbytère.
Buffet d'orgue à l'église paroissiale, XVIe siècle.
Eglise de Favreuil, XIIIe siècle.

BÉTHUNE ET ENVIRONS.

Restauration du chœur de l'église de Béthune.
Construction de trois autels.
Chapelle funéraire de M. Raparlier.
Eglise de Vendin-lez-Béthune, style roman.
Transformation et restauration du château de
M. Wéry, à Hinges.
Agrandissement de l'église de St-Venant et cons-
truction du clocher, XIIe siècle.
Eglise de Lapugnoy, style roman.
Eglise de Lozinghem, XIIIe siècle.
Restauration de la façade sur le parc du château
de M. de Ranchicourt.
Grande ferme chez Mlle la comtesse d'Hémisdal,
à Monchy-Cayeux.

Eglise d'Ourton, XIII⁰ siècle.

Eglise de Fruges, XIII⁰ siècle.

Restauration et transformation du château de M. Amédée de Gournay, à Wandomne, style Louis XV.

Eglise de Lumbres, XIV⁰ siècle.

Château près Montreuil-sur-Mer.

Eglise de Tasselefer (Oise).

Projet d'Église à Ognolles (Oise), style roman.

Église de Coulogne (près Calais), style roman.

Projet XIII⁰ siècle, à Marquise.

DOUAI ET SES ENVIRONS.

Église St-Jacques avec chœur, bras de croix, dôme le plus mince et le plus large qui existe en France.

Le maître-autel en marbre.

Construction de sacristies et dépendances.

Restauration du bâtiment du collège anglais et construction de bâtiments adjacents.

Restauration, construction de galerie et décoration du château de M. le marquis d'Aoust, à Cuincy.

Transformation, en style XVI⁰ siècle, du château de M. Dubois, à Auby.

Église d'Oignies, style roman :

Le maitre-autel.

Pavé mosaïque du chœur.

Les trois autels latéraux.

Stalles, table de communion, crédence et baptistère.

Usine de **M.** *Dilly, raffineur de sucre, à Falempin :*

Bâtiment d'habitation, style renaissance ;
Maison d'école ;
Maison de paysan.

Transformation et restauration du château de M. le baron de Bouteville, à Hornain.

VALENCIENNES.

Église Notre-Dame du Saint-Cordon, érigée dans le style du XIIIe siècle, ayant un clocher de 280 pieds d'élévation, le plus haut et le plus élégant qui ait été construit en France depuis trois siècles :

Le maitre-autel en marbre blanc, la statuaire par M. Fache ;
Pavé mosaïque du chœur ;
Stalles ;

Grille entourant le chœur, table de communion ;
Autel de la Vierge, marbre blanc ;
Autel des Trépassés, marbre blanc et noir ;
Autel du Sacré-Cœur, en marbre polychrome ;
Projet de baptistère monumental ;
La chaire.

ENVIRONS DE CAMBRAI.

Eglise de Masnières, XIVe siècle.
Le maître-autel. — La chaire.
Eglise de Niergnies, XIIIe siècle.
Eglise de Crévecœur, rue des Vignes, bâtie en briques, style byzantin.
Eglise de Mazinghien (Nord), XIIIe siècle.
Eglise de Fourmies (Nord), XIIIe siècle.
Eglise du hameau de Trieux-lez-Villers.
Projet de clocher à jour, à Jolimetz.
Eglise de St-Gratien (Somme), style roman.
Le maître-autel.
Restauration et transformation du château du prince de la Tour d'Auvergne, ambassadeur d'Angleterre à Angliers (Vienne).
Eglise romane à Ensisheim (Alsace).

GENÈVE (SUISSE).

*Notre-Dame de Genève, monument de la première
période du XIIIe siècle :*

Le maitre-autel ;
L'autel de la Vierge ;
Quatre autels latéraux ;
Grille du chœur en pierre ;
Table de communion en pierre.
Projet d'église au concours de Berne.
Projet d'église à quatre autels, fait en deux jours
et une nuit, et remis à Mgr Clifford.

EN CARTONS.

Plan d'église présenté au concours de St-Pierre-
lez-Calais, style XIIIe siècle, 300,000 fr.

Plan d'église présenté à Rambouillet, style XIIIe
siècle, 300,000 fr.

2 projets, XIIIe siècle, 200,000 fr.
4   —   —   —   150,000
4   —   —   —   100,000
8   —   —   —   50,000
6   —   —   —   45,000
8   —   —   —   35,000
2   —   —   —   30,000
8   —   —   —   25,000

25 Projets : Oratoires, chapelles funéraires, *ex-voto*, etc.

Dessins d'ameublement : Autels, chaires, confessionnaux, baptistère, etc., de tous styles.

Projets de maisons de campagne, châteaux, bâtiments ruraux, etc......

Etudes de fantaisie. Partie principale d'un plan d'église limité par les proportions des cathédrales existantes dont on n'apercevrait pas les murailles, conçu sur ce grand programme : « Dieu est immense, sa maison doit être sans limites. »

Etude d'une église qui, dans son plan, ses formes, son ornementation, rendrait partout l'idée des trois grands mystères.

Projet de château triangulaire avec donjon au sommet. Castels fantastiques.

Les sept Châteaux du Diable en un seul, avec sept pavillons de sept sortes d'architecture, représentant les sept péchés capitaux : L'Orgueil, le XIIIe siècle; l'Envie, la Renaissance; l'Avarice, le Moderne; la Luxure, le Louis XV; la Gourmandise, le Romain; la Colère, le XVe siècle tourmenté et tapageur; le Roman lourd et paresseux.

Arras, typ. de A. Courtin, rue du 29 Juillet.